p

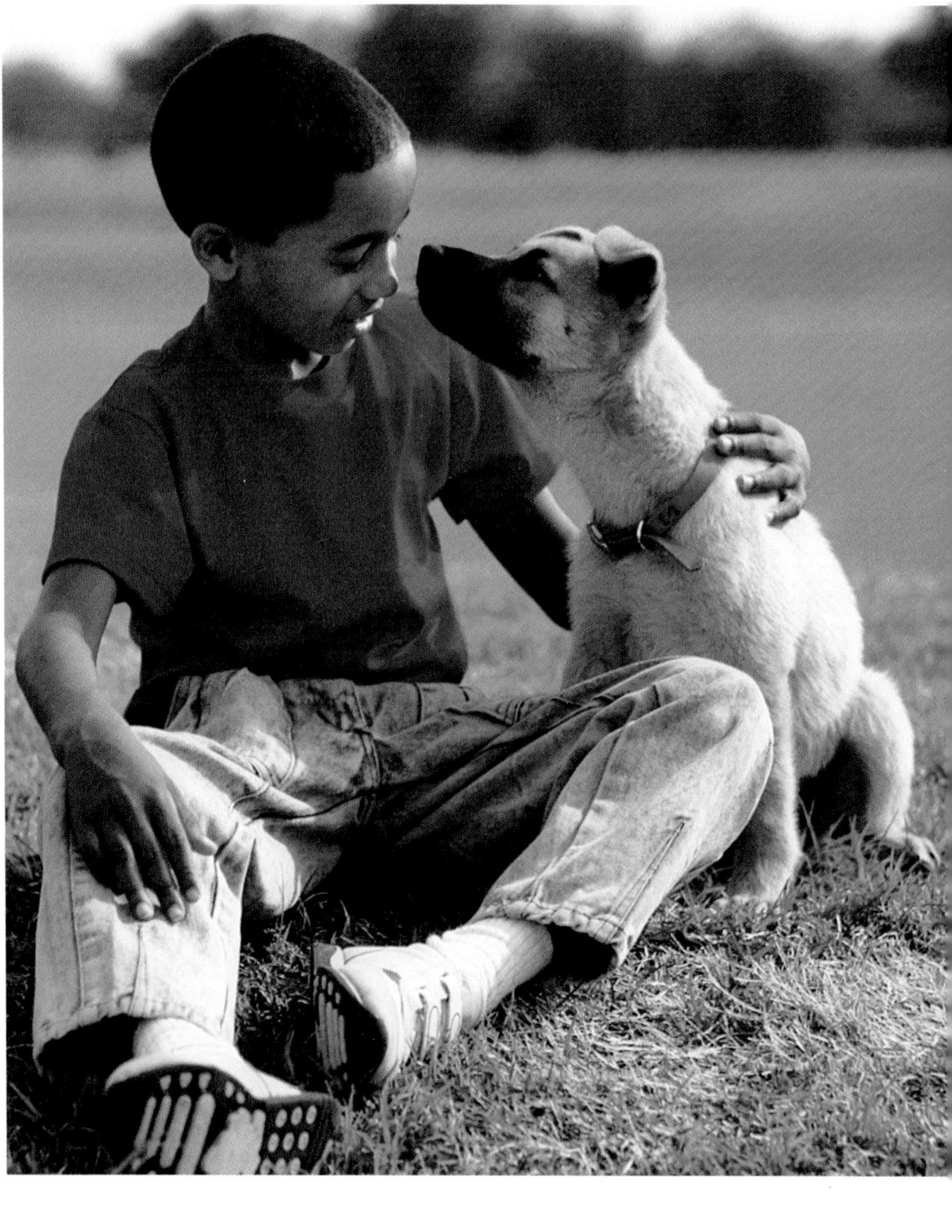

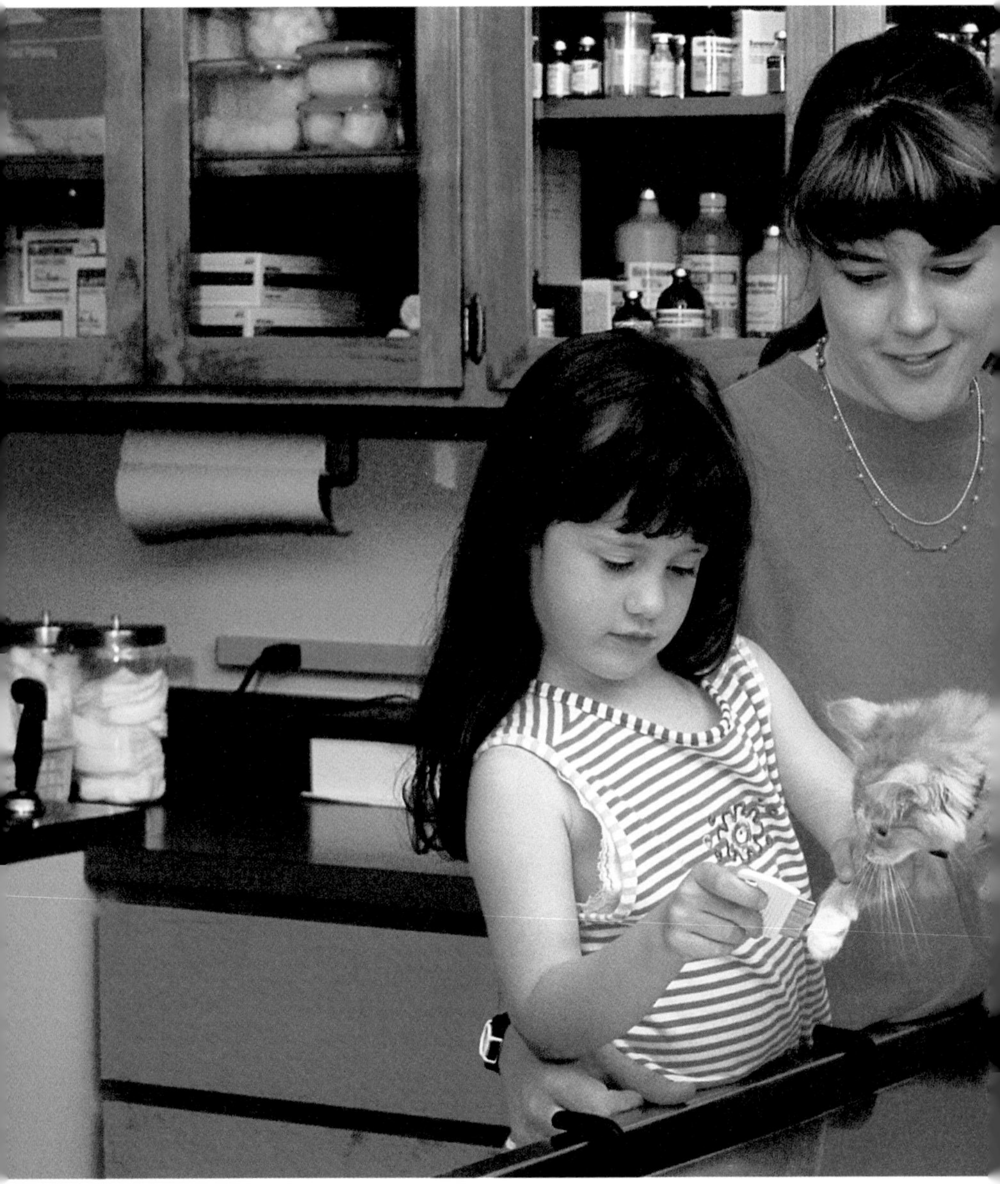

V

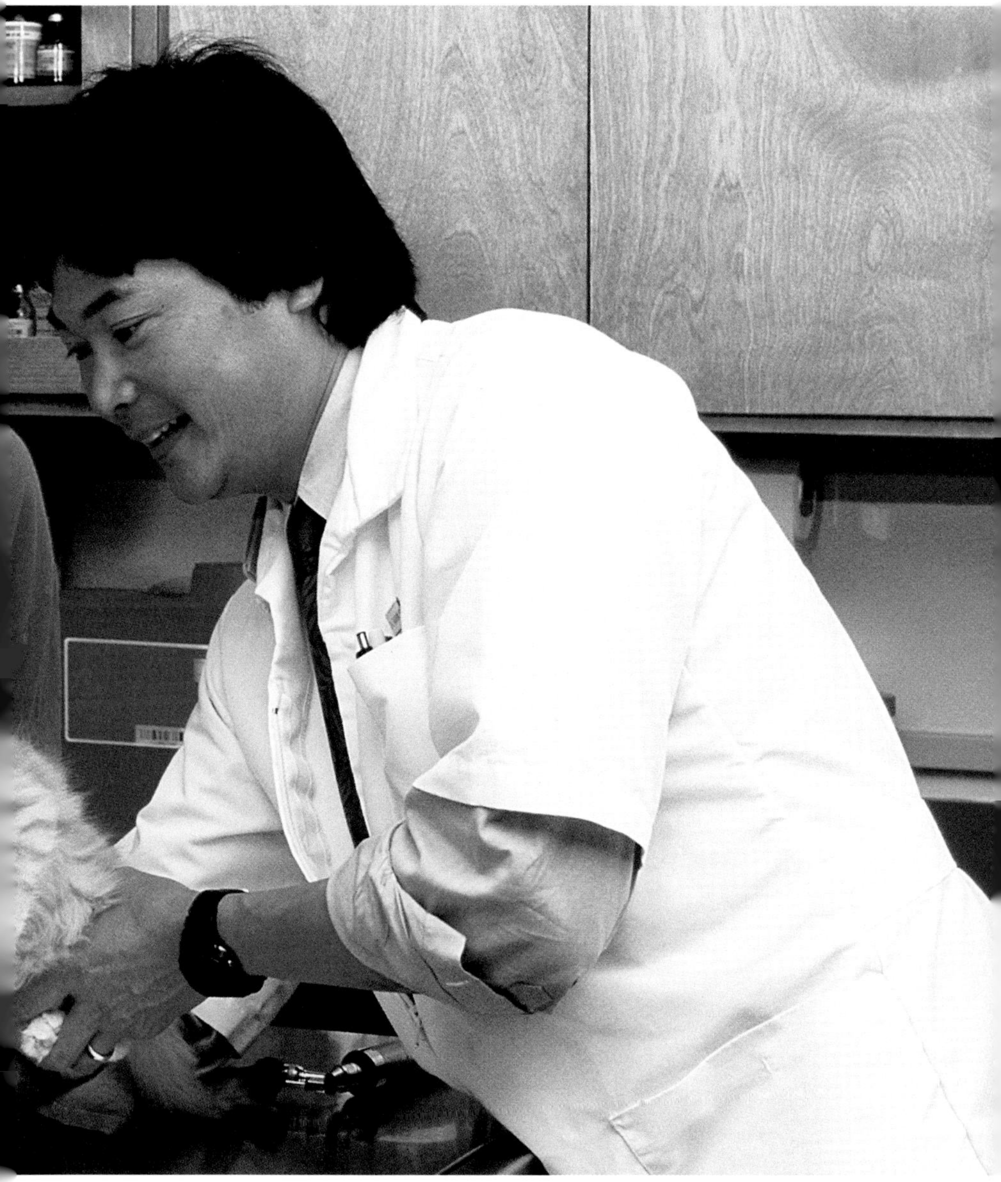

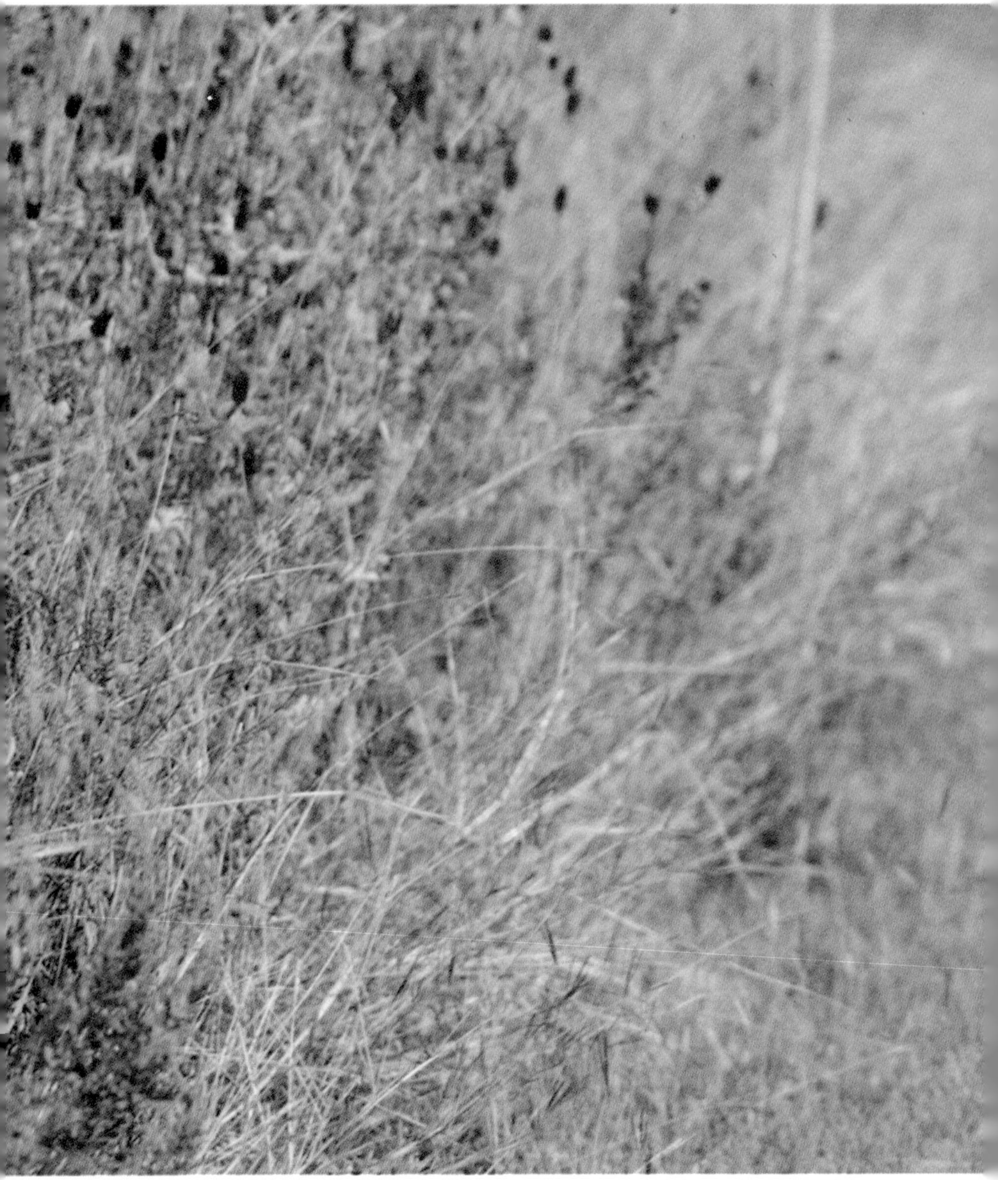

n

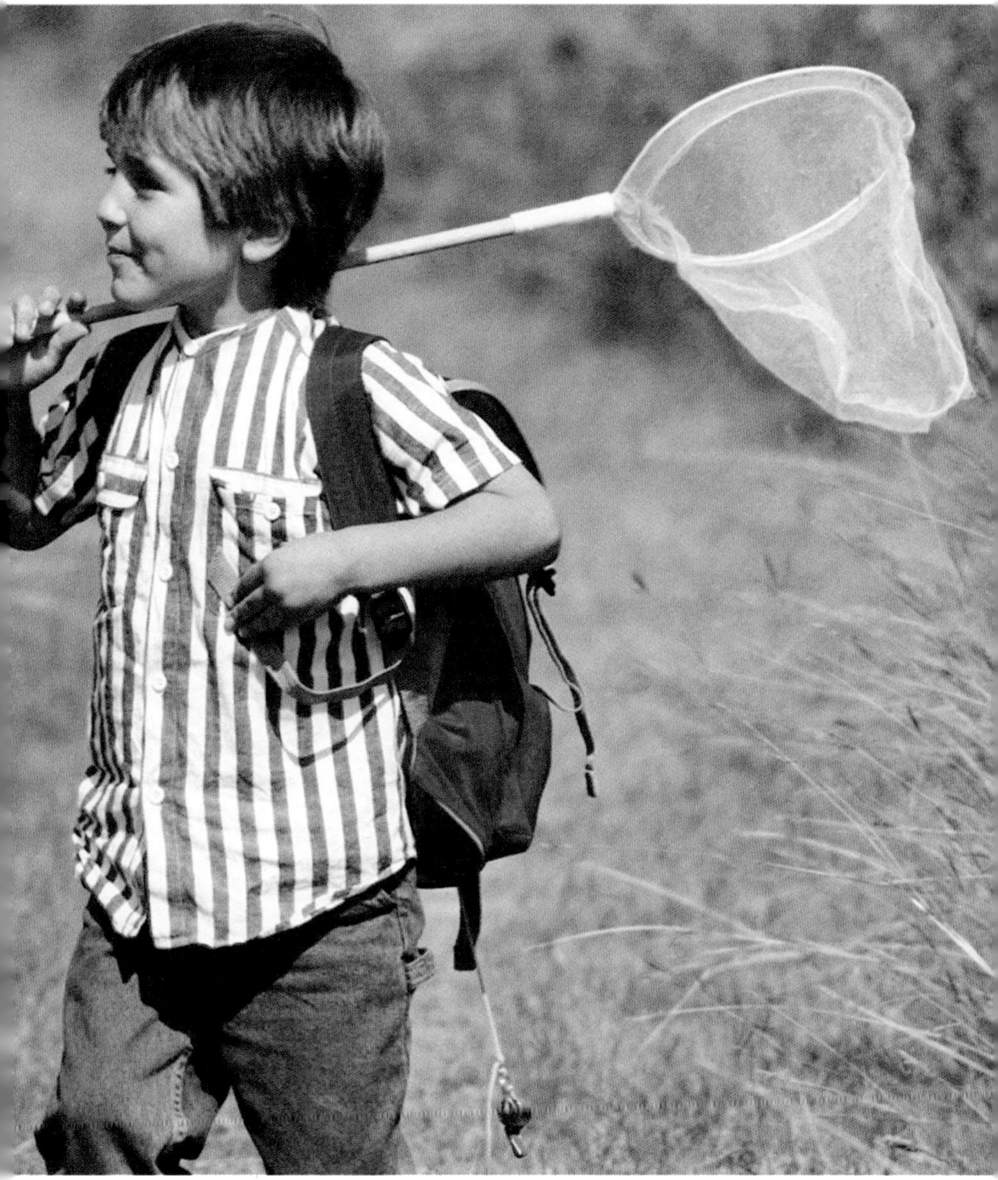

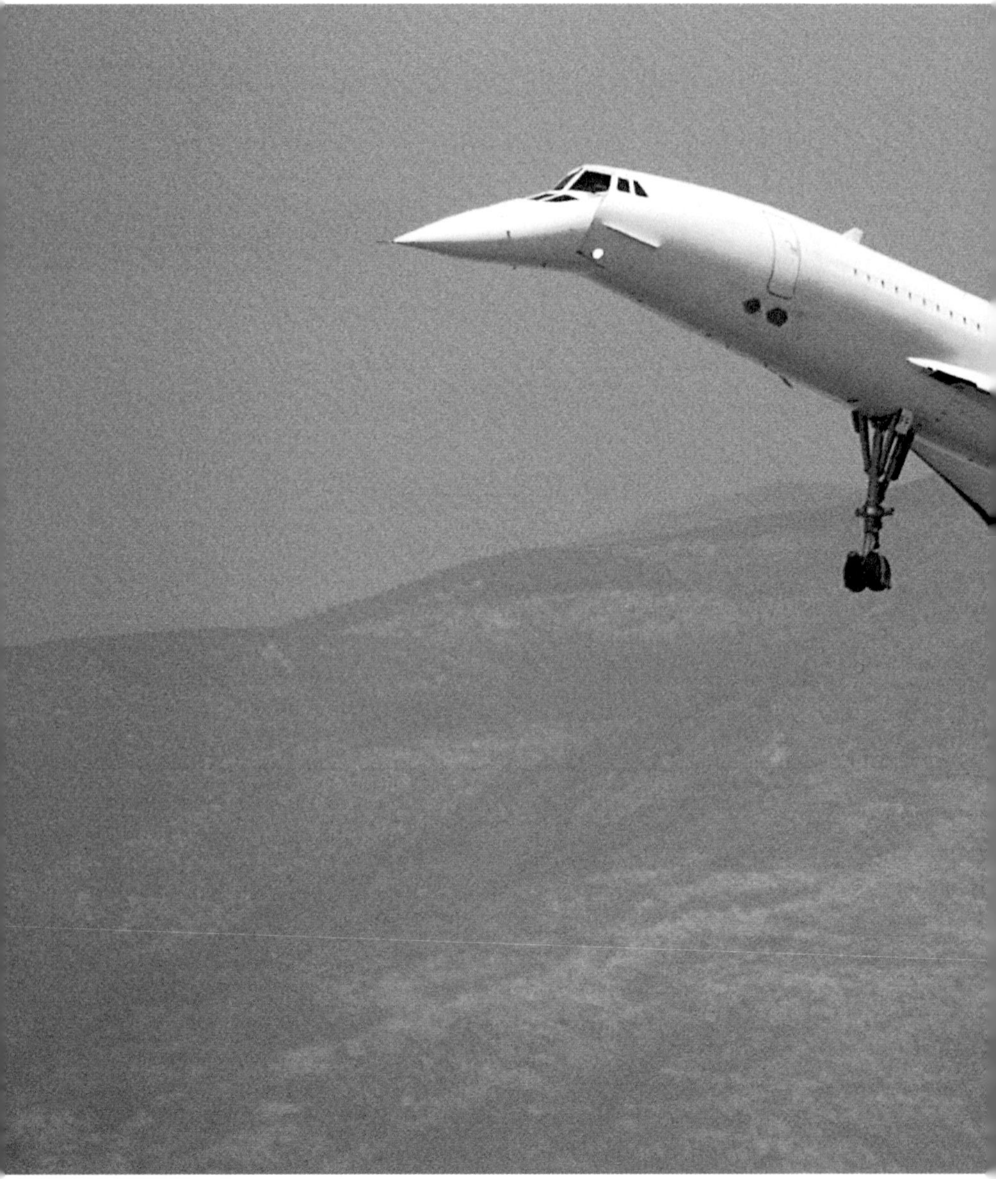

jet

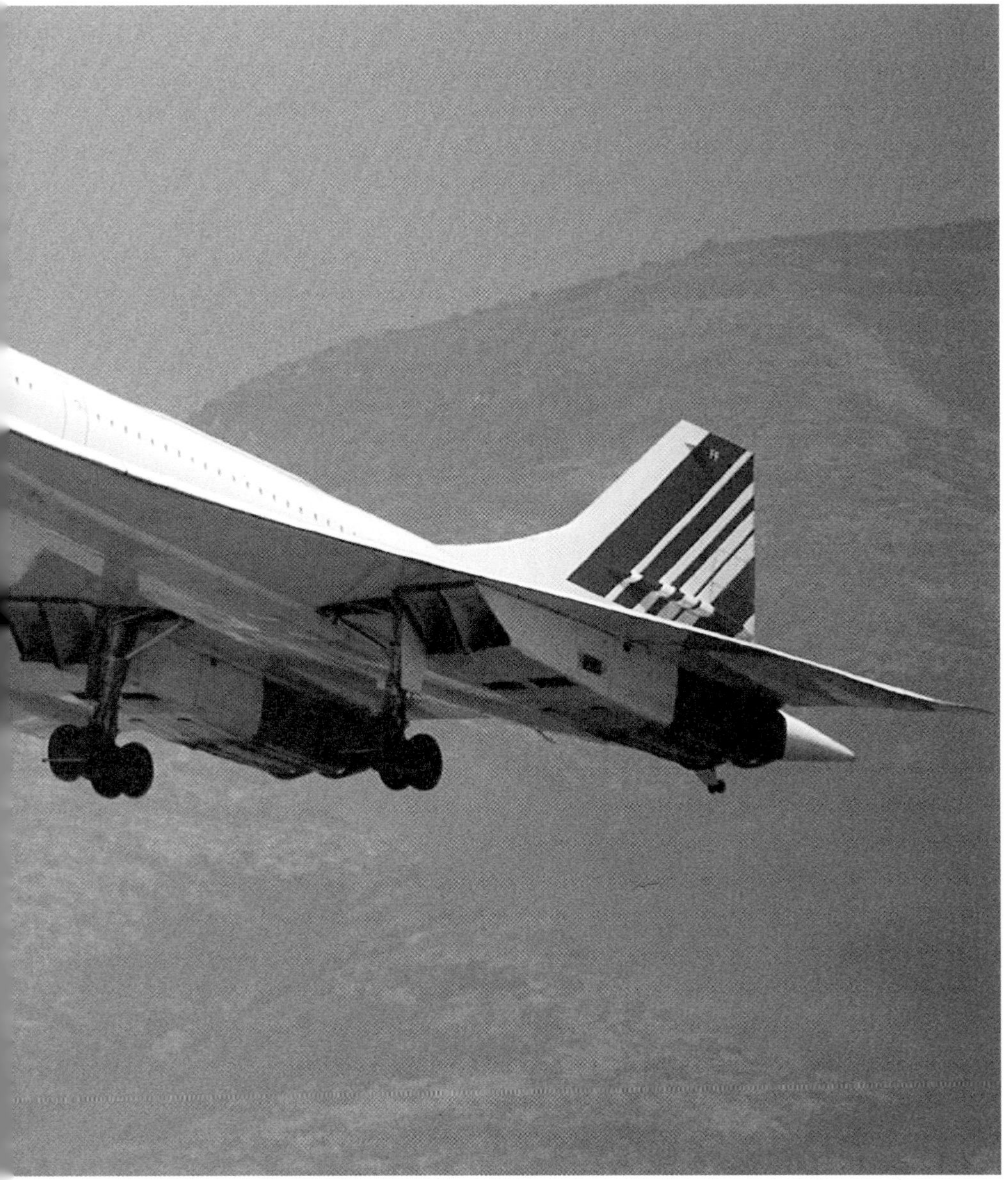

wet

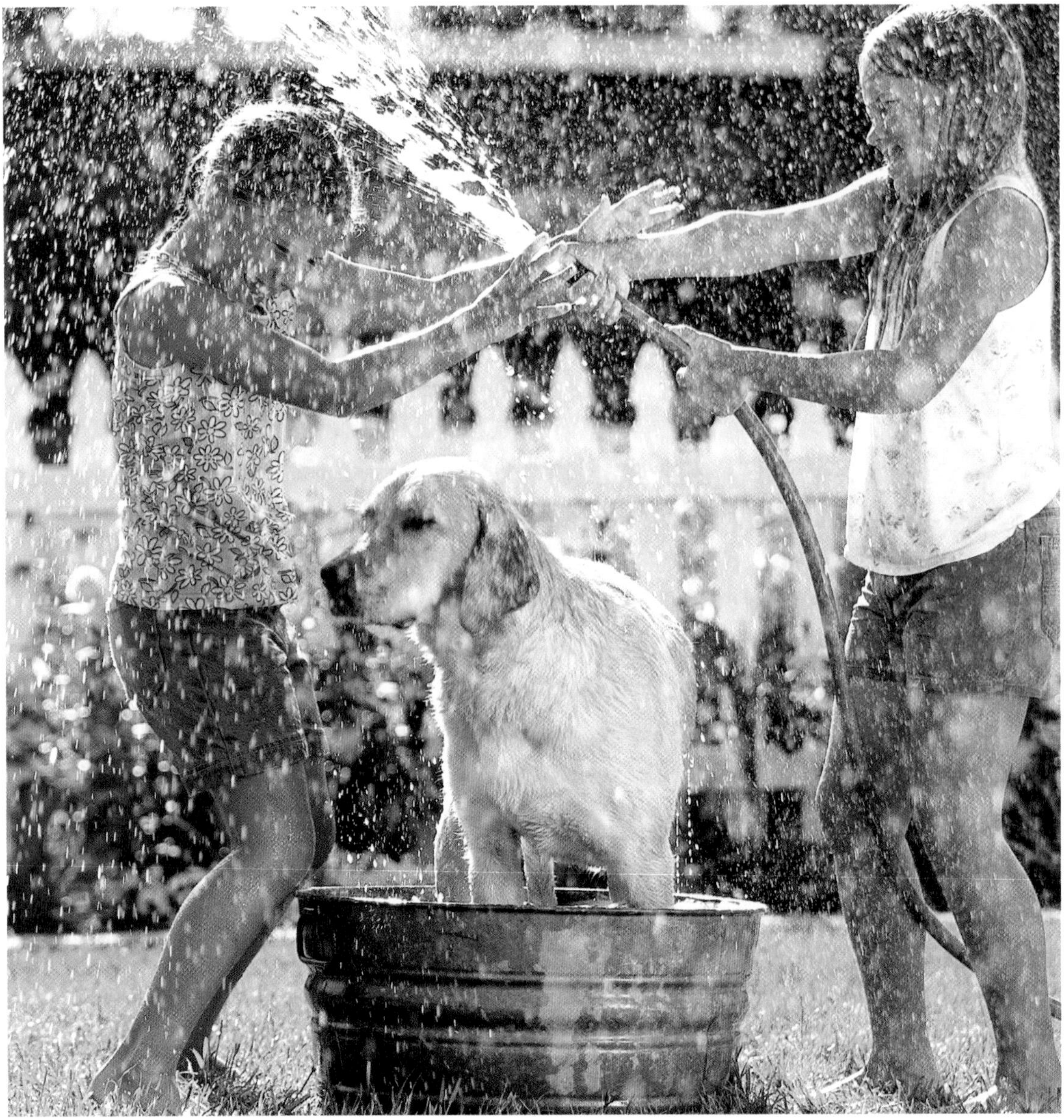